AF353460

ESENCIA CÓSMICA

PISCIS

Leo Kabal

Editorial ⊙ Creación

Temática: Astrología, Horóscopo, Angelología
Colección: Esencia Cósmica

© Leo Kabal
© Editorial Creación
  Jaime Marquet, 9
  28200 - San Lorenzo de El Escorial
  (Madrid)
  Tel.: 91 890 47 33
  http://www.editorialcreacion.com
  http://editorialcreacion.blogspot.com/

Diseño de portada: Mejiel
Primera edición: mayo de 2013
ISBN: 978-84-15676-37-9
Depósito Legal: M-14528-2013

CONTENIDO

INTRODUCCIÓN

Saber hoy a ciencia cierta cuándo empezó la Humanidad a interesarse por los astros y cuáles fueron las bases de lo que se conoce como Astrología, es una tarea difícil, por no decir imposible.

No obstante, cuando miramos hacia atrás en el tiempo intentando buscar un origen, encontramos que la mayoría de los pueblos de la antigüedad tenían muy en cuenta las posiciones planetarias a la hora de tomar decisiones importantes. Todo el mundo creía en ella y los reyes tenían a sus propios astrólogos, a los que consultaban para tomar las decisiones relevantes.

Aunque la ciencia astrológica se remonta más atrás en el tiempo, los doce signos astrológicos, tal como los conocemos hoy, aparecieron en Babilonia, en el siglo V a. C. Este sistema consiste en la división del cielo en doce partes iguales de 30 grados cada uno.

Pero signos y constelaciones no son lo mismo, aunque muchos hayan querido confundir los términos para desacreditar a los astrólogos y la Astrología. Expliquemos la diferencia.

La Eclíptica es el círculo imaginario que atraviesa el Sol en su recorrido anual aparente alrededor de la Tierra, aunque en realidad se trata de una proyección en los cielos de la linea imaginaria que dibuja la Tierra en su movimiento de traslación (recorrido anual alrededor del Sol).

A un lado y otro de la Eclíptica hay una franja celeste denominada Zodiaco, dentro de la cual permanecen el Sol, la Luna y los planetas. En esta franja hay doce constelaciones cuyos nombres son los mismos que el de los doce signos. Pero a diferencia de los signos, las constelaciones tienen una longitud desigual, es decir, no miden 30 grados cada una, sino que unas miden más y otras, menos.

Hay algunos astrólogos que afirman que primero fueron los signos y después vinieron las constelaciones. Es decir, los signos fueron dados a la humanidad primitiva por inspiración. Después, el hombre buscó algo semejante en los cielos y encontró las constelaciones.

Sea como fuere, lo importante es que los signos astrológicos y las constelaciones de estrellas no son lo mismo. Los signos son sectores del Zodiaco de 30 grados cada uno y las constelaciones tienen una longitud diferente. Además, debido a la precesión de los equinoccios, tampoco coinciden en el comienzo de la primavera, cuando el Sol cruza el ecuador celeste, sino que, en ese punto, el Sol cruza el grado cero de Aries en lo referente a los signos, mientras que en lo referente a las constelaciones, varía. Ese es el motivo de que cuando el Sol se encuentra en el signo de Aries, actualmente lo hace en la constelación de Piscis. Es también la base para afirmar que la Humanidad está actualmente en la Era de Piscis y camina hacia la Era de Acuario.

Pero en lo referente a los signos, esto no debe preocuparnos, ya que siguen siendo los mismos, y las fechas en las que rigen cada uno de ellos permanecen invariables.

Según algunos astrólogos modernos, la Astrología no es solo un sistema de predicción, sino que comprende la esencia cósmica de la cual todos nos nutrimos tanto material como espiritualmente. De hecho, los nombres de los doce signos corresponden a doce entidades espirituales que se ocupan de hacernos llegar la energía con la que construimos y desarrollamos nuestra existencia.

En el principio de los tiempos, al iniciar la creación de nuestro Sistema Solar, Dios trazó un espacio, de donde tomó la esencia para que su obra creciera y se multiplicara. Este espacio es conocido con el nombre de Zodiaco. De este Zodiaco procede la esencia que ha dado forma a todo lo que existe hoy en nuestro Sistema Solar, incluidos nosotros.

De lo que antecede podemos deducir que el Zodiaco es mucho más importante de lo podría parecer a primera vista, pues sin él no existiría nada en nuestro universo solar.

Vemos así que el Zodiaco marca la evolución de la Humanidad a través de los signos conocidos como Aries, Tauro, Géminis, Cáncer, Leo, Virgo, Libra, Escorpio, Sagitario, Capricornio, Acuario y Piscis. Cada individuo debe renacer constantemente en los distintos signos para evolucionar mediante las vivencias que cada uno le aporta.

Así, en el sentido cósmico, cuando nacemos en Aries, traemos al mundo un nuevo designio divino, un proyecto original, que iremos desarrollando a través de las distintas etapas, es decir, en las distintas encarnaciones por las que hemos de pasar. La rueda astrológica se convierte así en la rueda de los renacimientos a través de los cuales evolucionamos desde la inconsciencia hacia la omnisciencia. La meta es convertirnos algún día en dioses creadores. El orden evolutivo sigue un orden distinto del de la rueda astrológica, que como sabemos es Aries, Tauro, Leo, etc., hasta Piscis.

En el orden cósmico primero es el Fuego: Aries, Leo y Sagitario. Segundo, el Agua: Cáncer, Escorpio y Piscis. Tercero, el Aire: Libra, Acuario y Géminis. Y por último, la Tierra: Capricornio, Tauro y Virgo.

Este sería el orden lógico en la evolución. O sea, primero encarnaríamos en los signos de Fuego, luego en los de Agua, etc. Y, al llegar al último signo de Tierra: Virgo habríamos culminado nuestra evolución y adquirido todas las experiencias necesarias para llegar a ser dioses creadores. Pero este orden fue roto porque los hombres no fuimos capaces de asimilar las energías divinas tal como se nos iban proporcionando. De esta forma, unas veces fuimos hacia adelante y otras hacia atrás, unas veces avanzando y otras quedándonos rezagados.

Por este motivo, tenemos que culminar varios ciclos desde Aries a Virgo antes de alcanzar la perfección, pero ahora ya no seguimos el orden primordial: Fuego, Agua, Aire y Tierra, sino que, debido al estancamiento en algunas etapas, tenemos que volver a ellas de nuevo. Por eso, en una encarnación podemos nacer en Aries, mientras que en la siguiente lo hacemos en Tauro o Libra, dependiendo de los trabajos pendientes de realizar que hayamos dejado en el camino.

El signo del horóscopo bajo el cual hemos nacido marca únicamente el lugar del sol en nuestra carta natal. Para un estudio más profundo, cada lector debe recurrir a la interpretación de su carta astral completa, porque ella le descubrirá muchos más aspectos de su personalidad y su trabajo en la vida presente que el estudio simple del signo bajo el cual ha nacido. Aunque sin duda el sol en un horóscopo marca el lugar donde se instala nuestro Yo en la presente encarnación para poder llevar a cabo su programa de vida marcado por las demás tendencias de nuestra carta de nacimiento. Por ese motivo, cualquier estudio sobre él es de la máxima importancia. Más adelante, si el lector lo desea, podrá estudiar su carta con profundidad y desarrollar su potencial en todos los aspectos. Mientras tanto, le ofrecemos este pequeño estudio para que pueda conocerse un poco más y aprenda a conducirse de acuerdo con la energía de los astros para hacer su vida un poco más llevadera.

Capricornio
Acuario
Sagitario
Piscis
Escorpio
Aries
Libra
Tauro
Virgo
Géminis
Leo
Cáncer

PISCIS

20 de febrero al 20 de marzo

Expresión de los sentimientos

Elemento: Agua

Símbolo: ♓

Color: Azul oscuro, violeta

Planeta regente: Júpiter

Gemas: Crisólito, coral

Metal: Estaño

Día de la semana: Jueves

Números de la suerte: 7 y 12

Imagen medieval de Piscis.
(Libro de Horas del siglo XIV).

Imagen medieval de Júpiter, planeta regente de Piscis
De Sphaera.

♓ ♃

El signo se representa mediante dos peces unidos por la cola que intentan nadar en direcciones opuestas: ♓. Simboliza el psiquismo, el misticismo, el agua de los mares, la profundidad, el inconsciente colectivo que expresa el cambio de sentido del movimiento solar: ascendente y descendente.

Su planeta regente es Júpiter, que consta de un semicírculo sobre una cruz: ♃. Esto nos da la idea de que el alma (semicírculo) está por encima de lo material (la cruz). El bien común predomina sobre el egoísmo y los deseos materialistas. Júpiter en un horóscopo es la alegría, el optimismo, la bondad, la expansión, la abundancia....

ALEGORÍA DE PISCIS

... Y era de mañana cuando Dios se puso ante sus doce hijos e implantó en cada uno la semilla de la vida humana, Cada hijo, uno a uno, dio un paso adelante para recibir el don que se le había destinado.

—A ti, PISCIS, te doy la tarea más difícil. Te pido que recojas toda la pena del hombre y que me la devuelvas. Tus lágrimas serán, finalmente, mis lágrimas. Las penas que absorberás serán el producto de la mala comprensión de Mi Idea por parte de los hombres, pero tienes que mostrarles compasión para que vuelvan a intentarlo. Para ésta, la más difícil de todas las tareas, te doy el más grande de los dones. Serás el único de mis doce hijos que Me conocerá y comprenderá. Pero este don de LA COMPRENSIÓN, Piscis, es para ti, porque cuando intentes difundirlo, el hombre no te escuchará».

Y Piscis volvió a su lugar.

Entonces Dios dijo:

—Cada uno de vosotros tiene una parte de Mi Idea. No confundáis esta parte con la totalidad de Mi Idea, ni intentéis cambiaros las partes entre vosotros. Porque cada uno de vosotros es perfecto, pero eso no lo sabréis hasta que los doce seáis uno. En este momento, Mi Idea, en su totalidad, será revelada a cada uno de vosotros.

Y los hijos se fueron, decidiendo cada cual hacer su trabajo lo mejor posible, para poder recibir su don. Pero ninguno comprendió totalmente su tarea ni su don, y cuando volvieron confusos, Dios les dijo:

—Cada cual cree que los otros dones son mejores. Así, pues, os permitiré intercambiarlos.

Y, de momento, cada hijo se entusiasmó considerando todas las posibilidades de su nueva misión. Pero Dios se sonrió diciendo:

—Volveréis a mí muchas veces, pidiendo que os releve de vuestra misión, y cada vez os concederé vuestro deseo. Pasaréis por incontables encarnaciones antes de que cumpláis la misión original que os he prescrito. Os concedo un tiempo ilimitado para llevarlo a cabo, y sólo cuando lo hayáis conseguido podréis estar conmigo.

PERSONALIDAD

Piscis es el tercero de los signos de Agua, elemento relacionado con los sentimientos. Simboliza el agua del mar, donde van a parar el agua de la lluvia (Cáncer) y el agua de los ríos (Escorpio). En este signo, pues, es donde se exterioriza el sentimiento. Por eso los Piscis suelen tener un carácter cariñoso y cercano. En otras épocas, los hombres Piscis sufrían las consecuencias de no poder expresarse sentimentalmente, ya que estaba mal visto por una sociedad demasiado machista que no dudaba en tachar de «nenaza» a los hombres que se expresaban sentimentalmente o lloraban cuando sentían alguna pena. Hoy, gracias a Dios, esto ha quedado como cosa del pasado y el que un hombre exprese sus sentimientos está mejor visto y, a veces, hasta se prefiere un hombre sensible a uno más duro y que esconda lo que siente.

Esconder los sentimientos y no expresarlos es el origen de un montón de enfermedades psicológicas. Y en un Piscis, que se considera el signo de expresividad sentimental por antonomasia, es todavía peor.

Por todo lo dicho, el Piscis no debe reprimir sus sentimientos. Debe expresarlos siempre que se presente la ocasión, ya que es su verdadero trabajo en esta vida.

Teniendo en cuenta todo lo que antecede, podemos entender un poco mejor la personalidad de Piscis: cariñosos, sensibles, emotivos, alegres, impresionables, soñadores, creativos, espirituales y místicos.

Como tienden a ser bastante impresionables a su entorno, les conviene frecuentar buenas compañías, ya que, con su capacidad de mimetismo, puede copiar la personalidad de sus amistades y convertirse en lo que no es.

El dicho: «Dime con quién andas y te diré quién eres», se hace realidad principalmente en Piscis.

Ya hemos dicho que este signo se mueve en un elemento acuoso que está representado por el mar, que ha sido interpretado como el símbolo del alma. Por eso Piscis es un especialista en todo lo que tiene que ver con el estudio del alma y su profundidad.

En este sentido, puede llegar a ser tan misterioso como el alma humana. No importa lo que diga o haga, cualquiera que lo escuche advertirá en él una profundidad misteriosa e inquietante que le impresionará.

Por ser un signo sentimental, su comportamiento no se ajustará a la lógica convencional. La mayoría de las veces tendrá salidas inesperadas, que incluso pueden parecer ilógicas o fuera de contexto a su interlocutor.

Por otro lado, es abnegado, sacrificado y servicial. Esta personalidad no convencional, sobre todo en el mundo egoísta y materialista en el que vivimos, dejará a muchos boquiabiertos y sorprendidos, pues no comprenderán muy bien por qué lo hace, incluso cuando cierta gente suele tener tendencia a sobrepasarse y abusar de su buena fe. Sin embargo, para él será una manera de actuar normal, pero eso no quiere decir que no se dé cuenta de quiénes se portan de una manera u otra.

Como vive en un mundo de deseos, cualquier deseo que tenga deseará satisfacerlo, así que le seria más beneficioso cultivar buenos y saludables deseos antes que verse esclavizado por aquellos que pueden convertirse en malos hábitos, como la tendencia a caer en las drogas y el alcoholismo (por ejemplo), que este signo, más que ningún otro, debería evitar.

Como signo místico y espiritual, le atraerá todo lo relacionado con la vida en el Más Allá y la religión, por lo que muchas veces se encuentra a muchos nativos ejerciendo de médium o conectándose con entidades del Mundo Espiritual. En este sentido, deben tener cuidado con la mediumnidad negativa. Más vale no practicar ningún tipo de contacto que conectar con entidades indeseables del bajo astral.

CUALIDADES A DESARROLLAR

Misticismo.
Abnegación.
Renunciamiento.
Piedad.
Compasión..
Emoción.
Sacrificio.
Intuición.
Amor por la música.
Talento artístico.

DEFECTOS A SUPERAR

Timidez.
Pesimismo.
Mediumnidad negativa.
Tendencia a la bebida o drogas.
Infidelidad.
Represión emocional.
Charlatán.
Melancolía.
Indolencia.
Insensibilidad.

AMOR Y COMPATIBILIDAD

Es muy sentimental, se aferra al ser amado y busca cualquier excusa para complacerle. En sus manifestaciones amorosas es envolvente, siempre atento a los menores detalles y cualquier cosa que necesite su pareja con tal de complacerla. No dudará en sacrificarse por la felicidad de su ser amado, cuidará de que se encuentre seguro y velará por su de salud.

Es tan sensible, que cualquier cosa que pueda suceder a su pareja la sentirá como propia y quizá llegue a sufrirlo con más intensidad que ella. En este sentido, una pareja de un Piscis, si tiene habilidad, puede llegar a explotar el tema frecuentemente y abusar de su ingenuidad, algo que Piscis no debería consentir.

Por tal motivo, el nativo de este signo no debería preocuparse en exceso por su pareja, sobre todo si nota que esta está abusando de su manera de ser. Pues, aunque es abnegado y sacrificado, se da perfecta cuenta de cuando alguien trata de abusar y se está sobrepasando.

Son muy románticos y tienden a idealizar en exceso a la persona amada. En este sentido, todo elogio, piropo o poesía dedicado a ella le parecerá poco.

Muchos nativos pueden tener amores secretos que existen solo en su imaginación. A veces, son amores imposibles, seres inaccesibles, como estrellas de cine o cantantes de fama. Otras veces son personas de su entorno, las cuales puede que nunca se enteren porque, debido a su timidez, nunca no se lo dirá .

Las personas poco evolucionadas de Piscis pueden llegar a frecuentar antros de baja estopa donde se practique todo tipo de malas costumbres y baja moralidad, como prostitución, drogas y cosas por el estilo, que retrasarán aún más su evolución.

Algunos seres evolucionados de este signo pueden amar tanto a la Humanidad y a los seres que les rodean, que su pareja puede incluso llegar a sentirse celosa, o incluso que a veces que se pasa en su amor hacia el prójimo, cosa que le reprochará.

Pero cuando llegue a comprender que su manera de ser es amorosa y cariñosa para con todos los seres, sin condiciones, entonces le comprenderá y le animará a que lo siga haciendo.

PISCIS - ARIES

Es esta una relación extraña, ya que, en principio, no suele ser compatible, pues tienen muy distintas formas de ser. Piscis es romántico, hipersensible, emocional, amoroso, impresionable, apegado, abnegado; mientras que Aries es enérgico, ambicioso, independiente, dinámico... Pero curiosamente, el espíritu abnegado y sumiso de Piscis se sentirá a gusto al lado de la forma de ser protectora y dominante de Aries.

Esta relación no es armoniosa, pero el sufrido Piscis será capaz de soportar todos los desmanes del dominante Aries y de renunciar a sus propias necesidades con tal de satisfacer a su pareja. Y Aries, como es natural, se sentirá a gusto ante tales muestras de amor.

Las relaciones afectivas entre los dos signos pueden llegar a ser muy románticas, pues el enamoradizo Piscis volcará toda su dulzura en el envolvente, acariciador y activo Aries.

A veces, el sentido práctico de Aries chocará con el misticismo y la espiritualidad de Piscis. Pero esto no ha de suponer una traba si se respetan mutuamente sus valores y creencias.

PISCIS - TAURO

Puede haber una buena y agradable relación, sobre todo en el plano sentimental. A Tauro lo rige Venus, el planeta del amor; y Piscis es un signo que expresa el amor. Por tanto, Tauro encontrará en esta relación al compañero o compañera ideal: sensible, amoroso, abnegado. Y Piscis encontrará en Tauro, además de una correspondencia amorosa, la seguridad y protección que tanto anhela.

Pero la relación puede tener algunos inconvenientes. Tauro es un signo práctico, realista. Por este motivo puede sentirse irritado muchas veces ante la hipersensibilidad de Piscis, al que creerá esclavo de sus emociones. Tampoco le gustará la forma de actuar de Piscis, indeciso y que a veces parece vivir en lo irreal.

Y Piscis rechazará de Tauro, su forma rígida y poco flexible de abordar cualquier situación.

Entre los dos puede haber una relación duradera si la basan en el amor, respeto y entendimientos mutuo y destacan sus aspectos positivos.

PISCIS - GÉMINIS

Ya sabemos que Agua y Aire no son compatibles, lo que se traduce en sentido práctico en que la emoción y la razón no se llevan muy bien.

Piscis es soñador, amoroso, volcado en los sentimientos; y Géminis es un signo mental, práctico, racional. Por tal motivo no encajará bien con una pareja que no atiende demasiado a razones y se guía más bien por la emoción.

Piscis busca una relación sensible, romántica, tierna, que le permita amar con abnegación en la quietud y soledad. Pero Géminis, cerebral e inestable, no podrá satisfacer este ideal, pues buscará un amor más intelectual con el que compartir ideas y proyectos sin quimeras o sueños de tipo romántico. Más comunicativo y que no se refugie tanto en sus sueños y quimeras.

El amor y respeto son las bases para que esta relación vaya bien, y entender la manera de ser, gustos y aficiones de la pareja, sin poner cortapisas ni trabas, hará que, aunque la relación sea difícil, no obstante, pueda resultar agradable y enriquecedora.

PISCIS - CÁNCER

Una relación sublime, pero deben tener cuidado en perder el sentido práctico de la vida, ya que los dos tienden a ver el lado romántico y místico de la vida.

Los dos son signos psíquicos y tienen una poderosa intuición. Son muy emocionales y esto puede dar lugar a una comprensión fuera de lo común.

Cuando están juntos, se encuentran tan bien y comprendidos, que a veces se tiran hablando horas y pierden incluso la noción del tiempo.

Otras veces, se entienden sin llegar siquiera a pronunciar una palabra.

Compartirán el gusto por la cocina, por la buena mesa, por el agua, por los viajes marítimos, por el mar, por los lugares tranquilos y pacíficos.

Los dos tienen un carácter dulce y servicial y buscarán siempre lo mejor de su pareja.

En definitiva, pocas fricciones puede haber en esta relación, quizá que Piscis, sobre todo si es mujer, puede llegar a demostrar más sus sentimientos que su pareja Cáncer y demandar de esta el mismo comportamiento.

PISCIS - LEO

Es una relación que puede resultar un poco difícil debido a la incompatibilidad del Fuego con el Agua. Ya sabemos que el Agua apaga al Fuego. Y esto es lo que termina ocurriendo cuando estos dos signos se unen.

Piscis es un signo dirigido principalmente por los sentimientos. Por lo que se mostrará inestable, inseguro, hipersensible, impresionable. Guiado por los sentimientos, muchas veces ni él mismo sabrá por qué se comporta de una u otra manera.

Leo intentará protegerlo, ayudarlo, consolarlo, pero pronto se dará cuenta de que no consigue nada, pues, cuando lo haya conseguido, se inventará otro problema y vuelta a empezar. El torbellino sentimental de Piscis desmoralizará a Leo y apagará su Fuego amoroso y conciliador cada dos por tres.

Es posible que un Leo materialista y sin aspiraciones religiosas también se sienta desplazado por un Piscis místico y espiritual, y este último tenga que buscar consuelo y comprensión en otras personas que compartan sus ideales y creencias espirituales, lo que puede alejarlo de su pareja, al no tener con ella mucho que compartir sobre sus aspiraciones y preferencias.

Al ser Piscis un signo abnegado, servicial y que gusta de la soledad chocará también con el carácter de Leo cuya necesidad le lleva a querer ser el centro de las relaciones sociales y que buscará la vida en sociedad siempre que le sea posible.

Una relación armónica será posible si el amor de ambos es sincero, ya que entonces buscarán la felicidad de su pareja y harán lo posible por entender sus necesidades.

PISCIS - VIRGO

En la rueda zodiacal son signos opuestos, aunque, debido a esto, también son complementarios, pues un Virgo puede adoptar algunas cualidades piscianas y viceversa.

Virgo es un signo concreto, racional, ordenado y práctico. Piscis, en cambio, es sentimental, bohemio y desordenado. No obstante, los dos son abnegados, sacrificados y tienen afán de servicio y ayuda al prójimo. Por tanto, aquí pueden encontrar cierta armonía.

Es posible que la frialdad de Virgo en los asuntos sentimentales no sea muy bien entendida por Piscis, más necesitado de cariño y de demostraciones sentimentales.

Como son Agua y Tierra, hay bastante armonía y comprensión, pues Piscis aportará a Virgo la dosis sentimental que necesita; y Virgo aportará a Piscis su sentido práctico y racional.

PISCIS - LIBRA

Son dos signos incompatibles en principio, ya que el Agua y el Aire no se complementan. Sin embargo, los dos tienen mucho en común, pues Venus, planeta regente de Libra está exaltado en Piscis.

En este sentido, podemos apreciar cualidades muy parecidas: Libra ama la paz, la armonía y la belleza y desdeña todo lo que tenga que ver con los conflictos y los dramas. Piscis busca la tranquilidad y la calma y sufre con las peleas y las guerras.

Los dos poseen una dulzura de carácter, que, si su tema natal no tuviese aspectos negativos, estaríamos hablando de una posible pareja ideal.

PISCIS - ESCORPIO

Los dos son signos de Agua, el uno (Escorpio) vive sus emociones de forma interior; y el otro (Piscis) de forma externa. Sin embargo, el uno y el otro son emocionalmente impredecibles. Es difícil saber lo que sienten en cada momento y, a menudo, los demás signos no entienden algunas salidas de tono de Piscis, ni alcanzan a comprender lo que siente el misterioso Escorpio en algún momento dado. Pero ellos se entenderán en este sentido bastante bien.

Entre ellos existe una atracción natural porque los dos son signos emocionales y, por tanto, experimentan sensaciones intensas. Pero en cuanto a la forma de ser, Escorpio es más fuerte y viril que Piscis, que es más sumiso, sacrificado y abnegado. Esto puede ser un problema si Escorpio utiliza este carácter natural de Piscis para dominarlo y convertirlo en una persona completamente sumisa.

Por lo demás, puede haber una armonía excelente, pues la dulzura y carácter apacible de Piscis podrá calmar los celos y el dramatismo de Escorpio.

También pueden compartir el interés por las Ciencias Ocultas, la Astrología, la muerte y el Más Allá y todo lo misterioso, ya que a los dos se sienten bien hablando de estos temas o compartiéndolos.

PISCIS - SAGITARIO

Puede ser que haya atracción, pues el misticismo de Piscis atraerá al Sagitario espiritual. El uno (Sagitario) es dinámico y positivo, mientras que el otro (Piscis) es más subjetivo y pasivo. De ahí la atracción. Sin embargo, sus temperamentos diferentes pueden crear algún que otro problema.

Por ejemplo, cuando Piscis se retire hacia su interior, cosa que hará muy a menudo, a Sagitario le parecerá que se le está excluyendo y no entenderá la necesidad de vivir en su interior que tiene Piscis, ya que a él le gustaría que estuviera siempre presente, en su mundo real y no en sus sueños interiores.

En la convivencia, Sagitario tomará las iniciativas y Piscis casi siempre estará de acuerdo, dado su carácter pasivo.

En el amor, los profundos sentimientos de Piscis cautivarán a Sagitario y si hay verdadero amor entre ambos, se entenderán mutuamente y la relación puede ser duradera, a pesar de las incompatibilidades del Agua y el Fuego.

PISCIS - CAPRICORNIO

Dos signos que pueden llegar a complementarse debido a los elementos Agua y Tierra. Pero esto no significa que sea una unión ideal.

Capricornio aportará a la unión sentido práctico e iniciativa. Piscis, la sensualidad y la ilusión en los sueños y la fantasía

Es una relación que puede perpetuarse en el tiempo. Piscis encontrará en Capricornio seguridad, protección y buena administración. Capricornio, por su parte, encontrará en Piscis, la ternura, la comprensión y el consuelo necesario para sus crisis de tristeza y pesimismo que le atacan de vez en cuando.

La relación puede, no obstante, resentirse si Capricornio se muestra demasiado árido y no expresa los sentimientos tal como Piscis lo esperaría, o si Piscis se muestra demasiado soñador y sentimental y no pone para nada los pies en el suelo. Ambas tendencias, si se toma conciencia, pueden llegar a aminorarse para alcanzar una perfecta armonía en la pareja. De lo contrario, surgirán problemas que, en algunos casos, pueden causar bastantes molestias.

PISCIS - ACUARIO

Relación que puede resultar difícil debido a la incompatibilidad de caracteres. Acuario es un signo de Aire, relacionado con la razón y la lógica. Piscis es de Agua, y se relaciona con los sentimientos. Esto se traducirá en la vida práctica por diversos choques de incomprensión del uno hacia el otro.

Acuario se mostrará franco, directo y cortante, con afirmaciones un tanto bruscas para el carácter pisciano, que recibirá este comportamiento como una ausencia de amor y delicadeza emocional por parte de su pareja, cosa que le dolerá especialmente. Por su parte, Acuario no entenderá muy bien que Piscis sea tan afectivo y emocional, y le irritará bastante que se aflija tanto y por cualquier cosa. Pero le costará mucho consolarlo, ya que sus palabras se dirigirán a la razón, lo que no ayudará a Piscis.

En el amor ocurrirá un poco lo mismo. Acuario esperará de Piscis una relación cerebral, racional, más de amistad. Piscis, por su parte, buscará en su pareja el romanticismo, el apoyo sentimental, los buenos sentimientos...

Pueden encontrar cierta armonía si se proponen un objetivo común de ayuda a la Humanidad, pues Acuario desarrollará su potencial social y humanitario; y Piscis podrá trabajar en la vocación que le caracteriza de ayuda al prójimo, al pobre, al enfermo, con abnegación.

PISCIS - PISCIS

Dos naturalezas iguales emotiva y sentimentalmente hablando. Por tanto, pueden armonizar muy bien, pues ambos sentirán lo mismo y su afán por satisfacerse será grande.

Los dos son románticos y buscan la felicidad sin complicarse en dramas de ningún tipo. Su personalidad similar en cuanto al gusto por una vida simple y austera, su amor por el prójimo y los animales, su necesidad de una relación afectiva y sentimental, su misticismo y espiritualidad... pueden ser los ingredientes para una vida en común duradera y feliz.

El único problema al que pueden enfrentarse es a la falta de sentido práctico en su quehacer cotidiano, lo que podría provocar dificultades que ensombrezcan la felicidad.

En efecto, como los dos son de tipo romántico y emocional, la falta de previsión en los gastos y la organización familiar, podría provocar algún que otro conflicto, lo que podría evitarse haciendo un pequeño esfuerzo y controlan el exceso y mala organización que pueda haber en este sentido.

SALUD

Piscis rige los pies y la glándula pituitaria. Por simpatía con su opuesto: Virgo, también, a veces Piscis se queja de las dolencias en las partes regidas por él, como son los intestinos. Por negativa tendencia hacia los estimulantes, puede caer en algunos vicios enfermizos como el alcohol o las drogas. Por tanto, las aflicciones o malos aspectos de los planetas sobre Piscis pueden llegar a producir las distintas dolencias que afectan a estas zonas del cuerpo:

Deformación de pies.
Juanetes
Pie de atleta.
Callos.
Dolores de pies.
Alcoholismo.
Drogadicción
Hidropesía.
Afecciones intestinales, etc.

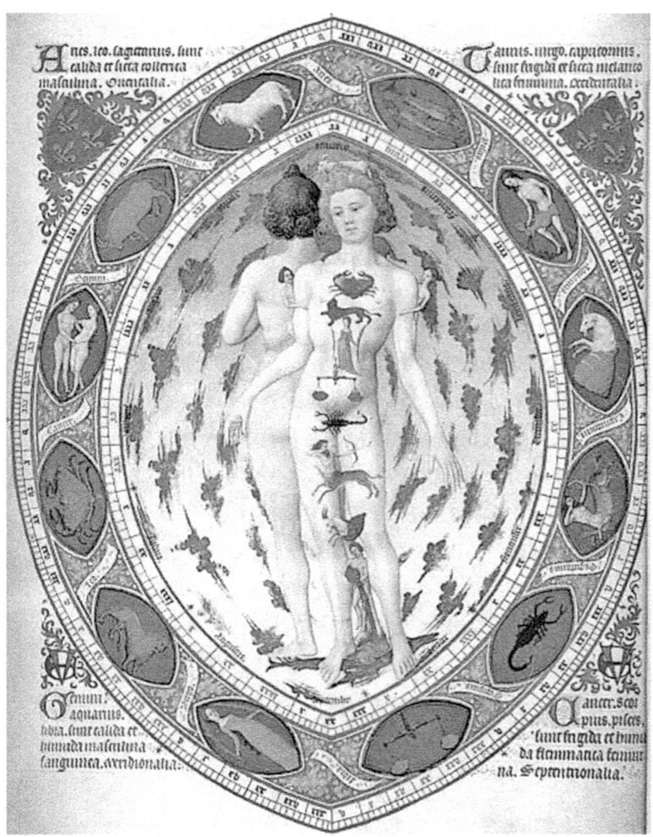

El hombre y el Zodiaco, de Paul Malouel, muestra las asociaciones de los Signos del Zodiaco con las distintas partes del cuerpo.

Por lo tanto, deberá tener especial cuidado con estas zonas de su cuerpo y prestarles más atención de lo normal, y no abusar sobrecargándolas o sobreexcitándolas. Debe dominar cualquier tendencia hacia los excesos o vicios de cualquier tipo.

Cuando se producen malos aspectos sobre Piscis da lugar a todos los problemas relacionados con una mala administración de la energía de Piscis y de Júpiter, planeta que rige el signo. Si quiere evitarlos, debe tener especial cuidado y tomar conciencia de cómo está trabajando dicha energía. Por ejemplo, la mala administración de esta energía se traduce por comportarse con usted mismo y con los demás con los peores defectos del signo: infidelidad, tendencia a los vicios o drogas de cualquier tipo, indolencia... Si quiere recuperar la salud, debe evitar al máximo este tipo de comportamientos o hábitos.

TRABAJO

Piscis necesita trabajar en profesiones donde pueda desarrollar su potencial, que, por lo general, está relacionado con la exteriorización de los sentimientos, la intuición y el misticismo. También con la abnegación y el altruismo. Cualquier trabajo relacionado con todo lo anterior le irá bien:

Los empleos de escritor de novela rosa, cuentos o temas espirituales y religiosos; vidente; profesiones relacionadas con el cuidado de los animales; astrólogo; músico; asistente social; funcionario de prisiones; artistas; taberneros; comerciantes; poetas; pescadores; trabajos relacionados con el mar; médicos; sanadores, enfermeros; empleados domésticos; etc.

Los nueve Coros Angélicos se mueven en torno a la esfera central, que representa a la Divinidad.
Ilustración de Gustavo Doré para la obra de Dante Alligeri *La Divina Comedia*.

ÁNGELES DE PISCIS

La esfera del Zodiaco mide 360 grados de longitud, que se divide entre los doce signos del Zodiaco, dando como resultado un espacio de 30 grados de longitud a cada signo.

Dentro de estos 30 grados tienen su domicilio y radio de acción 6 ángeles conocidos en la Tradición como genios de la Cábala, a razón de 5 grados por ángel.

Con respecto al signo de Piscis, los nombres de estos ángeles son los siguientes:

De 0 a 5 grados de Piscis (del 20 al 24 de febrero) rige el ángel llamado Eiael.

De 5 a 10 grados de Piscis (del 25 de febrero al 1 de marzo) rige el ángel llamado Habuiah

De 10 a 15 grados de Piscis (del 2 al 6 de marzo) rige Rochel.

De 15 a 20 grados de Piscis (del 7 al 11 de marzo) rige el ángel llamado Jabamiah.

De 20 a 25 grados de Piscis (del 12 al 16 de marzo) rige el ángel llamado Haiaiel.

De 25 a 30 grados de Piscis (del 17 al 21 de marzo) rige el ángel llamado Mumiah.

El nativo de Piscis tendrá uno u otro ángel guardián dependiendo de la fecha en la que haya nacido dentro de este radio de acción, con él podrán comunicarse en cualquier momento para pedirle que le ayude en su acción cotidiana y cumplir así con el objetivo de su Yo Superior.

EIAEL, DEL 20 AL 24 DE FEBRERO

Las enseñanzas y virtudes que proporciona este ángel durante la vida del nativo son las siguientes:

Consuelo en las adversidades; adquisición de sabiduría; larga vida; ayuda en el estudio de las ciencias ocultas, la cábala, la astrología, la física y la filosofía; iluminación por el espíritu de Dios; descubrimiento de la verdad; dominio sobre los cambios; protección contra los sistemas erróneos, las equivocaciones y los prejuicios.

La esencia de su programa es: TRANSUSTANCIACIÓN. Y esta cualidad es la que más sobresaldrá durante toda la vida del individuo que haya nacido bajo su influencia.

Clave: *Sabiduría y larga vida*

HABUIAH, DEL 25 DE FEBRERO AL 1 DE MARZO

Las enseñanzas y virtudes que proporciona este ángel durante la vida del nativo son las siguientes:

Conservar la salud y curar las enfermedades; fecundidad en las mujeres, cosechas abundantes, amor por el campo, la agricultura y la jardinería; protege contra la esterilidad, las enfermedades y plagas del campo y el hambre.

La esencia de su programa es:

CURACIÓN. Y esta cualidad es la que más sobresaldrá durante toda la vida del individuo que haya nacido bajo su influencia.

Clave: *Energía para conservar la salud y curar enfermedades*

ROCHEL, DEL 2 AL 6 DE MARZO

Las enseñanzas y virtudes que proporciona este ángel durante la vida del nativo son las siguientes:

Encontrar los objetos perdidos o robados y reconocer a la persona que los ha cogido; obtener renombre, fortuna, legados y donaciones; ser un buen magistrado, abogado, notario o juez y tener conocimiento de los usos y costumbres y las leyes de todos los pueblos; protege contra los jueces y abogados sin escrúpulos que causan la ruina a las familias y a los herederos legítimos.

La esencia de su programa es:

RESTITUCIÓN. Y esta cualidad es la que más sobresaldrá durante toda la vida del individuo que haya nacido bajo su influencia.

Clave: *Renombre y fortuna y encontrar objetos perdidos o robados*

JABAMIAH, DEL 7 AL 11 DE MARZO

Las enseñanzas y virtudes que proporciona este ángel durante la vida del nativo son las siguientes:

Fecundidad; protección a los que quieren regenerarse, regeneración de las naturalezas corrompidas (curación de drogadictos y alcohólicos), purificación; ser una de las primeras luces en filosofía; poderes paranormales; recuperación de las prerrogativas que Dios dio a la persona al crearlo; protección contra la proclamación de las doctrinas erróneas y el ateísmo.

La esencia de su programa es:

ALQUIMIA, TRANSMUTACIÓN. Y esta cualidad es la que más sobresaldrá durante toda la vida del individuo que haya nacido bajo su influencia.

Clave: *Poder de regeneración*

HAIAIEL, DEL 12 AL 16 DE MARZO

Las enseñanzas y virtudes que proporciona este ángel durante la vida del nativo son las siguientes:

Confusión de los malvados y liberación de los que quieren oprimirnos; protección a todos los que recurren a él, les da la victoria y la paz; energía para la lucha cotidiana; distinciones por el valor, el talento y la actividad; discernimiento; protección contra la discordia y las tendencias a la traición.

La esencia de su programa es:

DISCERNIMIENTO Y PROTECCIÓN. Y esta cualidad es la que más sobresaldrá durante toda la vida del individuo que haya nacido bajo su influencia.

Clave: *Discernimiento para poder distinguir lo verdadero de lo falso*

MUMIAH, DEL 17 AL 21 DE MARZO

Las enseñanzas y virtudes que proporciona este ángel durante la vida del nativo son las siguientes:

Protección en las operaciones misteriosas; lograr todas las cosas; conducir cada experiencia hasta su fin; distinción en la medicina, la física y la química; vida larga y buena salud; revelación de secretos que harán el bien a los niños de la Tierra; entusiasmo para ayudar a los pobres; protección contra la desesperación y las tendencias autodestructivas.

La esencia de su programa es:

RENACER. Y esta cualidad es la que más sobresaldrá durante toda la vida del individuo que haya nacido bajo su influencia.

Clave: *Finalización y nuevo comienzo*[1].

---

[1] Para más información sobre el tema de los ángeles y la Astrología, véanse mis libros: *Ángeles protectores y Ángeles, las fuerzas ocultas del Universo*, publicados por esta editorial.

PERSONAS CÉLEBRES NACIDAS EN PISCIS

- Ana García Obregón, 18-03-1959: actriz
- Anaïs Nin, 21-02-1903: escritora franco-estadounidense
- Arthur Schopenhauer, 22-02-1788: filósofo alemán
- Bruce Willis, 19-03-1955: actor
- Cindy Crawford, 20-02-1966: actriz y modelo
- Drew Barymore, 22-02-1975: actriz
- Felipe González, 05-03-1942: político y presidente del Gobierno español
- Francisco Ibáñez, 15-03-1936: historietista español
- Frédéric Chopin, 01-03-1810: compositor polaco
- Javier Bardem, 01-03-1969: actor

- José Antonio Labordeta, 10-03-1935: cantautor, escritor y político
- José Mª Aznar, 25-02-1953: político y presidente del Gobierno español
- José Zorrilla, 21-02-1817: dramaturgo y poeta romántico
- Liza Minnelli, 12-03-1946: actriz
- Luis Buñuel, 22-02-1900: director de cine
- Manuel Gila, 12-03-1919: humorista
- Nacho Cano, 26-02-1963: músico español
- Sara Montiel, 10-03-1928: actriz y cantante
- Sharon Stone, actriz, 10-03-1958: actriz, modelo y productora
- Victor Hugo, 26-02-1808: escritor francés

TALISMANES

Los amuletos o talismanes de Piscis deben fabricarse con todos o parte de los elementos relacionados con el signo. En particular, con las gemas, los metales y los colores. Por ejemplo:

Las gemas de la suerte de Piscis son la crisolita y el coral. El metal es el estaño. Así pues, se pueden fabricar amuletos con estos elementos y llevarlos encima, bien la piedra o metal a secas en un bolsillo o bien como colgante, llavero, etc. También se puede hacer una bolsita del color del signo, poner todos estos elementos dentro y llevarlo como amuleto.

Los colores de Piscis son el azul oscuro y el violeta. Por tanto, todo lo que sea de color azul oscuro o malva también favorecerá al nativo, ya sea ropa o cosas que destaquen este color.

El día de la semana en el que tendrá especialmente suerte será el jueves. En este día puede comenzar todo tipo de proyectos y acontecimientos en los que quiera tener un efecto favorable. Siempre que no sea para perjudicar al prójimo, claro está.

Sus números de la suerte son el 7 y el 12 y todos sus múltiplos.

Hay que tener en cuenta que un amuleto por sí solo no sirve para nada si no le acompaña una actitud positiva y favorable del individuo y un deseo de avanzar en un camino altruista y benevolente hacia los demás. De esta forma, atraerá a su vida las energías favorables procedentes de las entidades espirituales que operan en Piscis.

OTROS TÍTULOS PUBLICADOS POR ESTA EDITORIAL

LA ESENCIA DE LOS DOCE SIGNOS DEL ZODIACO

Un libro esencial para conocernos a nosotros mismos mediante un estudio completo de cada signo del Zodiaco

ÁNGELES, LAS FUERZAS OCULTAS DEL UNIVERSO

Un estudio completo sobre la importancia de los ángeles en el Universo y en nuestra vida cotidiana, donde se dan a conocer sus nombres y sus funciones específicas.

EL MENSAJE OCULTO DE LOS ASTROS

Un manual completo de Astrología, tanto para el principiante como para el astrólogo avanzado. Extensa interpretación astrológica, y, además, se adentra en el tema de las Sinastrías, la Astrología médica y la Parte de la Fortuna, con muchos ejemplos interesantes.

CÓMO LEVANTAR UNA CARTA ASTRAL, Manual para principiantes.

Un manual para cualquier estudiante: sencillo, ameno y directo, donde se facilita al lector un guión para levantar cartas astrales e interpretarlas.

CÓMO INTERPRETAR UN HORÓSCOPO SIN AYUDA DE NADIE

Enseñanzas básicas para interpretar un horóscopo. Aprenda lo más necesario de su carta astral sin necesidad de hacer cursos interminables.

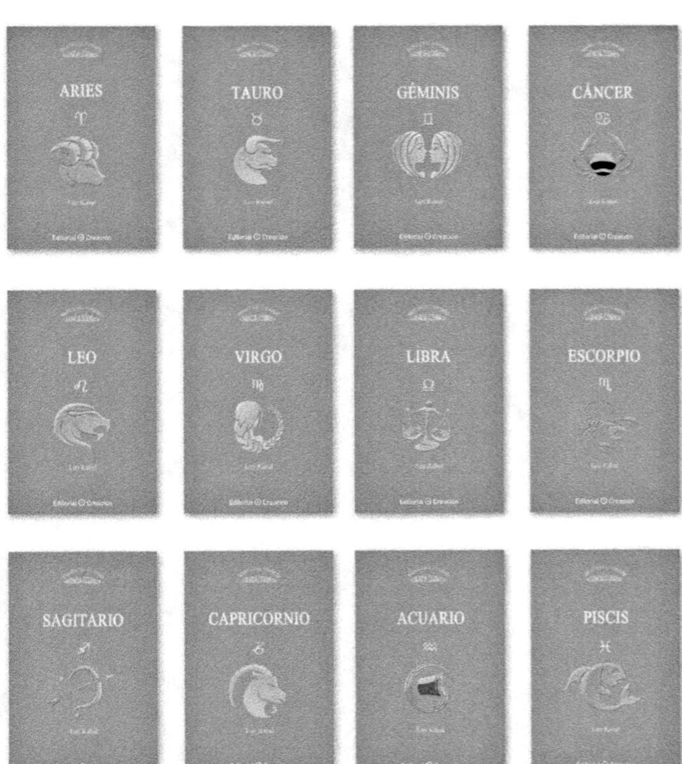

LOS 12 SIGNOS DEL ZODIACO
(ESENCIA CÓSMICA)

Una colección esencial, con un estudio
completo de cada signo: personalidadad, afinidades
e incompatibilidades en al amor, salud, trabajo, ángeles
y fuerzas de los astros, etc.

www.ingramcontent.com/pod-product-compliance
Lightning Source LLC
LaVergne TN
LVHW020953200726

843506LV00012B/2101